## Du même auteur (liste non exhaustive)

Aux éditions Les Belles Lettres :
– *Le Roman d'Arcanie* ;
– *Éliade ou l'idéale* ;
– *D'amour et de mots* (prix Tristan Tzara).

Aux éditions Fortuna :
– *La fille imaginée ou sonnets à Constance* ;
– *De mémoire amoureuse* (Grand Prix de poésie de la Forêt des livres).

Chez Lamiroy :
– *Pauvre Baudelaire*.

Chez Talma Studios :
– *Mise en demeure* ;
– *L'Assemblée des Loups* (recueil de fables).

Francis Lalanne dirige deux collections aux éditions Les Belles Lettres (*Architecture du verbe* et *Slam Grafitis*), et une collection chez Lamiroy : *Femmes de l'Être*.
Le Grand Prix de la Société des poètes français lui est attribué en 2007 pour l'ensemble de son œuvre poétique.

**Talma Studios**
231, rue Saint-Honoré
75001 Paris – France
www.talmastudios.com
info@talmastudios.com
ISBN : 978-2-37790-051-0
© Tous droits réservés.

Francis Lalanne

# Lettre en vers à l'occupant de l'Élysée, à la Représentation nationale et au peuple français

2ᵉ édition

## Table des matières

| | |
|---|---:|
| Introduction | 5 |
| Cher Lecteur, chère Lectrice | 13 |
| Appel à la mobilisation générale | 14 |
| Vous n'êtes pas, monsieur, président des Français | 19 |
| In Cauda | 25 |
| En d'autres termes | 33 |
| Ratio Decidendi | 59 |
| Autrement dit | 64 |
| Ode à la France et au peuple français | 67 |
| Post-scriptum | 75 |

Bruxelles, le 8 octobre 2022

J'achève la rédaction de ce livre à l'heure où des milliers de personnes se rassemblent à Londres pour exiger la libération de Julian Assange, emprisonné de manière inique pour avoir contribué à la révélation des crimes de guerre de « l'ami » américain.

Mon cœur saigne à la pensée que la France lui a refusé le droit d'asile par la voix de ses représentants, avec l'indifférence élyséenne.

# Introduction

Pourquoi s'adresser en vers à l'occupant de l'Élysée ?
D'abord, pour l'instruire.

Lui qui nie l'existence et la valeur de l'art français ne doit pas demeurer plus longtemps dans l'ignorance et dans l'erreur. Force est donc de l'informer que non seulement l'art français existe depuis toujours, mais qu'il est encore une forme de résistance.

Et de lui rappeler, puisqu'il fait profession de l'ignorer, voire de le nier, le caractère essentiel de l'artiste, qui assure la pérennité des arts à travers les siècles.

J'ai donc décidé de m'exprimer en vers plutôt qu'en prose afin qu'il n'y ait aucune ambiguïté sur le caractère politiquement artistique de ma démarche. Et j'ai choisi de le faire notamment au travers d'une forme d'origine purement française : j'ai nommé « le chant royal ».

Le chant royal prend sa source au XIV$^e$ siècle et connaît son heure de gloire jusqu'à son rejet par la Pléiade dans le second XVI$^e$. Après une survie difficile au XVII$^e$ et au XVIII$^e$, il retrouve le haut du pavé au XIX$^e$ siècle sous l'autorité parnassienne et la plume de Théodore de Banville (1823-1891) dans son *Petit Traité de poésie française*.

Parmi les plus célèbres auteurs de chants royaux, figurent Guillaume de Machaut (v. 1300-1377), Eustache Deschamps (1348-1406), Christine de Pisan (1364-v. 1430), Charles d'Orléans (1394-1465) et, plus récemment, fin XIX$^e$ et XX$^e$, de fervents défenseurs de la prosodie française comme Maurice Rollinat (1846-1903) et Yannette Delétang-Tardif (1902-1976).

À celles et ceux qui voudraient découvrir cette forme française, je conseille la lecture du livre de Jacques Roubaud publié dans la collection que je dirige aux éditions Les Belles Lettres (*Architecture du Verbe*) et intitulé *La Ballade et le chant royal*.

Le chant royal est un dérivé de la ballade, laquelle, nous dit Edmond Rostand par la bouche de Cyrano, se composerait de trois couplets de huit vers et d'un envoi[1] de quatre. C'est un peu plus complexe.

Ce qui caractérise la ballade, ce n'est pas le nombre de vers, mais le fait que chacune de ses trois stances se décline sur le même schéma de rimes en vers isométriques, et s'achève par le même ou les deux mêmes vers en refrain. La construction de ses trois stances diffère avec la structure de l'envoi.

L'envoi interpelle le Prince, voire le président du puy[2] ou du palinod[3]. Par la suite, il s'adressa plus directement à la personnalité dont traite le poème ou à celle qui l'a inspiré, fût-il un fâcheux comme dans *Cyrano de Bergerac*. Qui ne se souvient pas de la ballade du duel et de son célèbre : « Prince, demande à Dieu pardon ! » ?

La plupart du temps, l'envoi est destiné à un être dont le statut est élevé. Dans *La Ballade du pendu* de François Villon, il s'adresse directement à notre Seigneur Jésus-Christ : « Prince Jésus, qui sur tous a Maistrie ».

L'envoi, qui longtemps demeura facultatif, en tout cas jusqu'au

---

1. NdÉ : Pour mémoire, l'envoi est « le vers placé à la fin d'une ballade pour en faire hommage à quelqu'un ». Source : Larousse.
2. NdÉ : « Académie poétique du Moyen Âge, qui couronnait des œuvres lyriques, musicales, religieuses, amoureuses, satiriques. » Source : Larousse.
3. NdÉ : « À la fin du Moyen Âge, confrérie littéraire de Normandie, analogue à ce qu'était le puy du nord de la France. (On y composait des pièces à forme fixe aux principales fêtes de la Vierge.) » Source : Larousse.

XV$^e$ siècle, rompt avec les stances qui le précèdent, soit par la rime, soit par le nombre de vers. Pour clore sa structure, il doit conserver le vers qui clôt les trois couplets précédents. Ce vers constitue seul ou avec un autre le refrain de la ballade. Exemple pour rester dans Cyrano : « À la fin de l'envoi, je touche. »

Ce qui différencie le chant royal de la ballade, c'est le nombre de stances : trois pour la ballade, cinq pour le chant royal, l'envoi venant en quatrième place pour la ballade et en sixième pour le chant royal.

Au XIX$^e$ siècle, Banville, comme il le fit pour le sonnet, voulut verrouiller la règle du chant royal en cantonnant les stances à onze vers et leur structure à une seule formule de rime, soit ababccdedE (la majuscule indique le vers revenant en refrain).

Banville reprend également l'obligation de finir la stance par une rime féminine. Cette tradition fait référence aux chants royaux dédiés à la Sainte Vierge Marie, qui, par dévotion, vouaient la valeur de la rime ultime à l'inspiratrice du poème.

Si l'alternance des rimes est exigée au sein de chaque stance, elle ne l'est pas pour autant de stance à stance.

Ces points étant précisés, voilà ce qu'il faut absolument respecter dans la structure de la ballade et du chant royal au XXI$^e$ siècle :

- trois stances isométriques pour la ballade et un minimum de cinq pour le chant royal ;

- une même et unique formule de rimes pour toutes les stances du même poème, et une structure différente pour l'envoi ;

- un ou plusieurs vers achevant la pièce en forme de refrain.

L'élasticité de la longueur des stances et la souplesse structurelle de l'envoi font du chant royal et de la ballade une forme semi fixe plutôt qu'une forme fixe.

En tout état de cause, développer une glose en reproduisant trois ou cinq fois le même parcours rimé et en répétant à chaque fin de couplet le ou les deux mêmes vers en refrain représente une difficulté majeure. Cette contrainte est justement une caractéristique de l'art français, manifestement méconnu de la personne à qui je m'adresse dans cette plaquette.

Le chant royal fut ainsi nommé, car il était conçu, dans un premier temps, à l'intention de personnages des cours royales. Plus tard, il traita de héros de légende ou de figures religieuses, notamment la Sainte Vierge Marie, mais, à l'origine, sa fonction était éminemment laudative.

C'est Eustache Deschamps qui fut l'un des premiers à utiliser le chant royal de manière critique.

Dans sa *Chanson royale*, il dépeint des animaux (représentant les contribuables) se plaignant d'être tondus par un barbier trop zélé (représentant, lui, le percepteur royal). Le vers refrain en dit long sur le message que veut délivrer Eustache Deschamps : « Pour ce vous prie, gardez-vous des barbiers. »)

C'est dans cette ligne que s'inscrivent les chants royaux que je publie dans cette lettre à l'occupant de l'Élysée. En tout état de cause, mon apport à cette forme se décline ainsi :

1. Je choisis l'alexandrin plutôt que le décasyllabe, pour passer du rythme courtois à une scansion plus familière, et rejoindre ainsi mes maîtres en la matière : Molière, Hugo, Rostand et Richepin.

2. J'augmente le nombre de stances, donc la difficulté. La reproduction du même schéma de rimes exige une plus grande virtuosité sur six ou huit strophes que sur trois ou cinq.

3. Je ne limite pas, comme le préconise Banville, la stance à onze vers.

4. Je mise sur une liberté totale dans la conception structurelle de l'envoi, tout en maintenant la clôture par le vers refrain.

5. Je rends la diérèse facultative pour conserver à la scansion l'apparence du langage parlé.

Il est important, pour qu'une forme poétique puisse vivre avec son temps, d'accroître sa potentialité au fil des siècles.

Les autres chaînes rimées du livre, bien qu'en alexandrins (pour conserver un rythme général à l'ensemble, et en hommage à Victor Hugo, poète et citoyen), s'obligent à une seule contrainte : pour l'une, de former une suite de quatrains libres de rimes et de structure ; pour l'autre, de faire rimer des tercets en miroir selon une règle qui m'a été inspirée par certaines cansos occitanes conçues au siècle des troubadours.

Cet hommage rendu à l'Occitanie française nous renvoie à l'origine du mot ballade (*balada* en langue d'oc), même si c'est dans le nord de ce qui devint la France que la ballade et le chant royal connurent leurs plus grandes heures de gloire.

Enfin, j'ai voulu faire également figurer au début de ce livre une de mes ballades publiées en 1992 par le journal *Informations ouvrières*. Elle nous rappelle que le combat que nous menons ne date pas d'aujourd'hui : trente ans plus tard, cette ballade du temps jadis est toujours d'actualité, même si j'ai tenu à la développer compte tenu de la situation qui est la nôtre aux portes de l'hiver. En effet, l'hiver qui s'en vient nous promet un désastre planétaire sans précédent. Et l'occupant de l'Élysée en est l'un des principaux coupables dans le monde.

Voilà pourquoi il faut que la France le destitue et adresse ainsi à tous les peuples de la terre un message fort. C'est en détrônant les suppôts de Davos qui siègent aujourd'hui à la tête des États mondialistes que nous mettrons définitivement un terme à ce chaos.

La France est, comme elle l'a toujours été dans l'histoire, la vitrine du monde. Si elle démet son tyran, tous les pays du monde souffrant de dictature suivront son exemple et rétabliront le cercle vertueux de l'autorité publique. C'est le premier pas indispensable qu'il nous faut accomplir si nous voulons l'avènement d'un monde meilleur. C'est pourquoi je prêche depuis trente ans pour les blocages, le boycott des structures capitalistes, la grève et la mobilisation générales, mais aussi, désormais, la grande désertion, sans oublier, bien sûr, la destitution de l'actuel occupant de l'Élysée. Ces moyens sont, à mon sens, parmi les plus sûrs pour rendre aux peuples du monde leur souveraineté.

Nous sommes le nombre, mais nous ne sommes pas assez nombreux à montrer que nous sommes le nombre. Pour cela, nous devons manifester massivement notre rejet du système en le coupant de ses ressources.

J'ai retrouvé dans un de mes brouillons ce quatrain que j'avais choisi de ne pas adjoindre à ma ballade telle qu'elle fut publiée en septembre 1992. Il pourrait aujourd'hui faire figure de coda[4] ou de tornada[5] à l'envoi de ma ballade remaniée :

> Pour stopper enfin la junte ultra-libérale,
> Il faut avant l'hiver éteindre son moteur.
> Nous n'avons plus le choix, lectrices et lecteurs :
> Ensemble proclamons la grève générale.

---

4. NdÉ : Pour mémoire, la coda, de l'italien *coda*, signifiant *queue*, est « la section conclusive d'un morceau de musique » (Larousse).
5. NdÉ : Pour mémoire, la tornada est le « nom donné, dans la chanson provençale, aux derniers vers, où le poète adresse son œuvre à son protecteur ou à sa dame » (Larousse).

C'est à la lecture de ce vieux quatrain retrouvé que m'est venue l'envie de dédier une ode à la France et au peuple français, et que j'ai ressenti le besoin de renouer avec l'écriture musicale. Inspirée du mot grec qui signifie « chant », l'ode devient en France un poème agencé comme une œuvre lyrique souvent destinée à servir de support à une composition mélodique, voire orchestrale.

On y retrouve tous les éléments caractérisant la poésie chantée : refrains, respons, développement, variations, cadences et codas, doublés également d'ornements issus de la prosodie, comme la tornada ou l'envoi. Ces éléments sont à la discrétion de l'auteur, car la forme de l'ode est ouverte à toutes les structures. Sa meilleure définition est, à mes yeux, celle de Boileau, qui la présente comme « un beau désordre ».

Je clos mon ouvrage par un sonnet dédié spécialement à toutes celles et ceux qui doutent encore de leur pouvoir d'agir.

Si l'on m'objecte qu'il est malvenu de conclure au moyen d'une forme d'origine italienne, je répondrai que l'origine formelle du sonnet demeure incertaine, même si son premier encrage se fait de toute évidence en Italie. Et puis je tourne ici mon sonnet dans sa forme française, celle qui doit son appellation de « sonnet marotique » à son auteur Clément Marot (1496-1544).

Il lui donne un tour épigrammatique, en préférant l'art de la pointe à celui de la chute. La forme française se différencie de l'italienne en ce sens qu'elle préfère la rime embrassée à la rime croisée pour les quatre derniers vers. Le second XVI$^e$ siècle en France remettra au goût du jour la clôture italienne en rimes croisées sous l'impulsion des poètes de la Pléiade. Dans ce livre, ma préférence ira à la forme française pour la raison évoquée au début de l'introduction.

Au cours des siècles, la France fut toujours un fer de lance de l'innovation poétique. Le sonnet marotique, dans sa forme simple ou redoublée, en est l'un des fleurons, et me permet d'achever mon ambassade au plus près de mes lecteurs et de mes lectrices.

Je m'adresse donc dans ce livre :

1. à l'occupant de l'Élysée, qui prétend régner sur la France en monarque absolu ;

2. à la Représentation nationale, qui jusqu'ici l'a laissé faire. Je fais le vœu qu'elle renoue avec sa mission première, qui est de représenter le peuple, non pas les partis, et d'empêcher, par son mandat de contrôle et son devoir de vigilance, la concentration et l'abus des pouvoirs ;

3. au peuple français, que j'attends dans l'action.

Francis Lalanne

## Cher Lecteur, chère Lectrice
(sonnet redoublé)

Aix-en-Provence,
les 24 et 25 août 2022

C'est à toi que je parle, Lectrice, Lecteur,
À toi l'être essentiel que l'on nomme personne
Alors qu'il est quelqu'un quelqu'une et qu'il façonne
Le monde ainsi que fit pour lui le Créateur.

C'est à toi que je parle, mon Frère, ma Sœur,
À toi que je confie au milieu de l'automne
Ces vers pour que tu aies face au canon qui tonne
L'arme de paix qui fait obstacle à l'oppresseur.

C'est à toi que je parle en tant qu'individu,
Car seul peut retrouver ce qui était perdu
Le Perceval sans qui la table n'est pas ronde.

C'est par toi que je parle en écrivant ces vers,
Toi qui, maître de toi, maîtrises l'univers
Et donc peux faire taire le canon qui gronde.

C'est à toi que je parle aux portes de l'hiver,
C'est à toi que je parle à cœur et livre ouverts,
C'est à toi que je parle, et non à tout le monde.

## Appel à la mobilisation générale

**Septembre 1992 (ballade)**

Avant que nous soyons trois millions de chômeurs
À n'avoir d'autre espoir que de vivre RMIstes ;
Avant que le pouvoir n'étouffe nos clameurs
En traitant nos idées d'idéaux extrémistes ;
Avant que nos slogans soient notre dernier râle,
Ensemble, proclamons la grève générale !

De toutes confessions, ensemble, agriculteurs,
Ouvriers, permanents, intermittents, artistes,
Ensemble, techniciens, danseurs, chanteurs, acteurs,
Au-delà des strictes bornes corporatistes,
De souche syndicale ou bien non syndicale,
Ensemble, proclamons la grève générale !

Ensemble, levons-nous pour guérir des tumeurs
Dont nous souffrons, victimes des économistes.
Il est temps, camarade : ou tout change, ou tu meurs.
Et ce ne sont pas là des propos alarmistes.
Que tu sois de la ville ou de zone rurale,
Ensemble proclamons la grève générale !

*Envoi*

Salarié, défends-toi contre tes employeurs,
Pour qu'enfin ce combat soit la lutte finale.
En cessant le travail, sauvons les travailleurs,
Ensemble, proclamons la grève générale !

**Septembre 2022 (chant royal)**

Avant que nous soyons un peuple de chômeurs
Assujettis à la propagande étatiste,
Avant que le pouvoir n'étouffe nos clameurs
En nous traitant de fous ou bien de complotistes,
Avant que nos slogans soient notre dernier râle,
Étouffés par le bruit de tous nos détracteurs,
Il est temps pour nous de prendre de la hauteur,
Proclamons la mobilisation générale.

De toutes confessions, ensemble, agriculteurs,
Ouvriers, permanents, intermittents, artistes,
Professions libérales, penseurs, créateurs,
Au-delà de nos barrières corporatistes,
De nos divisions viscérales, ancestrales,
Politiques, sociales, face aux corrupteurs,
Même toi journaliste, et même toi docteur,
Ensemble proclamons la grève générale.

Tous unis, commerçants, artisans, travailleurs,
Chefs d'entreprise et toi le prochain sur la liste,
Ensemble, réunis, employés, employeurs,
Nous que l'on sacrifie au projet mondialiste,
Avant que la faillite néolibérale
Ne nous fasse payer l'explosion des compteurs,
Il est temps d'en finir avec les dictateurs,
Proclamons la mobilisation générale.

Citoyen, citoyenne, unis contre la peur,
Et contre la mafia unilatéraliste,
Délivrons-nous du mal et de l'esprit trompeur
Qui nous envoie droit dans le mur capitaliste.
Des cités, de la ville ou de zone rurale,
Du public, du privé, quel que soit ton secteur,
Et même toi, soldat, face à l'usurpateur,
Ensemble proclamons la grève générale.

Bien sûr, la grève n'est pas l'unique facteur
Capable de freiner la marche impérialiste,
D'autres viennent à point désarmer le dompteur :
La grande désertion n'est pas moins réaliste,
Mais, face à un pouvoir dont la charge est virale,
Et la machine humaine aux mains d'un conducteur,
La grève est le moyen d'éteindre le moteur,
Proclamons la mobilisation générale.

Et puisqu'il faut choisir le moindre des malheurs
Entre la guerre et la grève généraliste,
La grève est celle qui draine moins de douleurs,
Nul besoin pour le voir d'être un grand spécialiste.
Enfant de la patrie, du peuple rédempteur,
À choisir, prends le pas de la douleur morale
Plutôt que celui de l'Ange exterminateur.
Ensemble proclamons la grève générale.

Envoi

Prince des malfaisants aux ordres des menteurs,
Nous savons de quel bois se chauffe ta spirale
Et vers quoi ton cortège entraîne ses licteurs.
Il est temps, électrice, il est temps, électeur,
Proclamons la mobilisation générale.

## Vous n'êtes pas, monsieur, président des Français
(chant royal)

En réponse à l'innommable allocution du 24 août 2022 adressée aux citoyennes et citoyens de la France par celui dont je soutiens qu'il se prétend indûment le président.[6]

Bruxelles, au bas du 26/27 Grand Place,
le 26 août 2022

Monsieur,

Vous qui pendant cinq ans avez ruiné la France,
Et mis son peuple à mal, les cinq ans révolus,
Voici que vous voulez, à peine réélu,
Renouer par la guerre avec l'intempérance.
Quoi, le peuple français se serait donc surpris,
À reconduire en vous avec exubérance
Le Scylla de Charybde, et donc perdrait l'esprit ?
Allons, soyons sérieux : tout cela nécessite
Au moins la mise au point que la question suscite,
Car le temps qui nous presse à présent s'est lassé,
Et l'affaire à mes yeux ne peut être classée :
Vous n'êtes pas, monsieur, président des Français.

---

6. Cf. la saisine devant la Cour européenne des droits de l'Homme pour « Refus d'examen du recours pour fraudes aux élections présidentielles par le Conseil Constitutionnel ».

Vous ne représentez ni le peuple de France
Ni ses valeurs, dont vous vous êtes prévalu
Pour mieux les bafouer et, de ce que j'ai lu,
Justifier désormais votre belligérance.
Sur ce point, déjà la France vous a repris,
Car c'est envers la paix que va sa préférence.
Les sondages font foi, je me les approprie.
Non ceux que votre presse agite sur ses sites,
Mais ceux que les Français dans la rue sollicitent
En s'opposant au plan dont vous les menacez.
La France est pacifiste et, sans vous offenser,
Monsieur, vous n'êtes pas président des Français.

Si vous vous prétendez président de la France,
Monsieur le Dictateur aux airs d'hurluberlu,
Ce n'est pas parce que les Français l'ont voulu,
Mais c'est en pratiquant la fraude. En l'occurrence,
La fraude électorale. Et, vous l'aurez compris,
Je ne viens pas ici faire ma révérence
À ce malfrat qui double en vous le malappris,
Mais pour faire cesser, comme de droit, je cite,
« Le trouble » dit « manifestement illicite »
Que constitue le fait de vous voir exercer,
Alors que le scrutin ayant été faussé,
Vous n'êtes pas, monsieur, président des Français.

Vous êtes un tyran, des plus fourbes qu'en France
On ait vu gouverner, qu'il fut ou non l'élu.
Et les lobbies auxquels vous êtes dévolu
Ont soumis le pays à d'ignobles souffrances.
Parmi les pires qu'ait subies notre patrie,
Celle d'un peuple entier plongé dans l'ignorance
Et dans la peur par vous et votre coterie,
Peuple que vous forcez par un accord « tacite »,
Au son de la leçon que vos médias récitent,
À oublier ses droits au point d'y renoncer
Au péril de sa vie. Je dis que c'est assez.
Monsieur, vous n'êtes pas président des Français.

Vous usurpez ce titre, et le peuple de France
Devra donc vous l'ôter pour son propre salut,
Avant qu'il soit trop tard, avant qu'il soit exclu
De son droit par les lois qui y font référence.
Ce droit que vous voulez conserver à tout prix,
Et dont vous abusez, monsieur, avec outrance,
Ce droit, il faut le rendre à qui vous l'avez pris.
C'est le sens de ma lettre, et je me félicite
Qu'elle pose problème à qui vous phagocyte,
Et pour qui vous œuvrez comme chacun le sait.
Mieux vaut pour vous l'entendre avant votre procès,
Vous n'êtes pas, monsieur, président des Français.

Vous n'êtes rien de bon, au regard de la France,
Rien qu'un opportuniste, un Panulphe[7] de plus
Qui, sortant de l'école encore frais moulu,
Fut vendu comme maître au peuple en déshérence,
Mais vous êtes l'esclave, et non le Dieu qu'on prie,
Des fous qui n'ont misé que sur votre apparence,
Et ce que vous avez pour leur compte entrepris
Devient aux yeux de tous tellement explicite
Que la France, la vraie, contre vous ressuscite.
Si « la Liberté a un prix », sachez que c'est
Aux Français, non à vous, dès lors, de le fixer.
Monsieur, vous n'êtes pas président des Français.

Non content d'injurier le bon peuple de France,
Vous souillez son honneur par vos mœurs dissolues,
Vous bradez ses trésors par des marchés conclus
Avec ceux qui voudraient régner sans concurrence
Sur le monde entier, et dont vous semblez épris
Au point de leur donner le pouvoir d'ingérence.
Vous traitez donc ainsi, monsieur, par le mépris
Le droit que tout peuple a de manière implicite,
Celui de disposer de lui par plébiscite.
En lui ôtant ce droit, vous vous dessaisissez,
Et c'est donc hautement que vous le trahissez.
Vous n'êtes pas, monsieur, président des Français.

---

7. NdÉ : Panulphe est un autre nom donné par Molière à Tartuffe.

Vous n'êtes pas, monsieur, président de la France,
Et la guerre qui manque à votre plus-value,
Nous ne la ferons pas pour vous. N'en parlons plus.
« Ici, abandonnez », monsieur, « toute espérance »
De gouverner encore. Vous avez trahi.
Et c'est pourquoi, monsieur, à votre différence,
Puisque vous ne représentez pas mon pays,
J'entreprends l'ambassade à laquelle j'incite
Ceux qui veulent mener mais avec réussite
Un plan de paix mondial enfin vers le succès,
À me rejoindre, puisqu'il nous faut avancer,
Et que vous n'êtes pas président des Français.

### Envoi

Valet de Big Pharma ! Fossoyeur de la France !
Criminel patenté ! Menteur irrésolu !
Vous qui, pour restaurer le pouvoir absolu,
Êtes prêt à jeter le monde dans l'errance
Et dans la guerre comme dans tous vos excès,
Nonobstant la sentence que doit prononcer
En vous destituant la Haute Conférence,
Et n'en déplaise à ceux qui baisent vos lacets,
Vous n'êtes plus en droit de gouverner la France,
Et c'est ce que ma plume ici vient dénoncer.
Vous n'avez pas le droit de gouverner la France,
Vous n'êtes pas, monsieur, président des Français.

## In Cauda

Rouen, le 7 septembre 2022

Ne livrez plus, monsieur, des armes en Ukraine,
Ne livrez plus, monsieur, des armes à la haine.
On ne fait pas le mal, comme vous, sans remords,
On ne fait pas la paix, en provoquant la mort.

On ne fait pas la paix comme on faisait naguère
En nourrissant le feu de l'un des deux partis,
En soufflant sur la braise et sur son appétit,
On ne fait pas la paix en attisant la guerre.

On invite à sa table les belligérants
Et l'on cherche avec eux des moyens pacifiques
De trouver un accord qui leur soit bénéfique
Et dont l'arbitre aussi puisse être le garant.

C'est ainsi que la paix prospère, et s'initie,
Non par les armes, mais par la diplomatie.
C'est ainsi que l'on fait la paix, ne vous déplaise,
Non comme vous, monsieur, en forçant le malaise.

Vous, vous êtes en guerre : ici, contre un virus,
Là, contre le climat. Et puis quoi ? Qui dit mieux ?
Il vous fallait en plus la guerre avec les Russes
Pour que la panoplie fut complète à vos yeux.

Ou pour que vous puissiez sans que l'on s'en offense
Imposer à la France un Conseil de défense,
Et pouvoir rendre ainsi, ni vu ni reconnu,
Toute démocratie nulle et non avenue.

Cessez de vous moquer des Français, des Françaises,
Ne vous présentez plus comme un homme de paix,
Vous n'avez pour la vie, monsieur, aucun respect,
Ni pour l'amour. Le Diable est de votre diocèse.

Et tout le monde sait de quelle catéchèse
S'inspirent vos amis en singeant la vertu.
Tandis que loin de vous les autres s'entretuent,
Vous serez à l'abri le cul sur votre chaise.

À l'heure où je l'écris, des armes made in France
Tuent des femmes, des hommes, pire : des gamins !
La France ainsi répand l'horreur, la souffrance...
Je ne veux pas, monsieur, de ce sang sur les mains.

Nous sommes des millions dans ce pays, monsieur,
À refuser cela, bien plus qu'à le vouloir.
Vous le savez fort bien, mais vous fermez les yeux :
La vérité, pour vous, n'est qu'un bruit de couloir.

Si vous aviez, monsieur, un peu d'honnêteté,
Plutôt que de jouer ainsi à la guéguerre,
Vous iriez recueillir au moins la volonté
Du peuple, mais cela ne vous importe guère.

Car le peuple, monsieur, d'une voix moins sereine
Que celle dont ici j'use pour vous parler,
Vous dirait de ne plus livrer d'arme en Ukraine,
De rendre le pouvoir et de vous en aller.

Votre vision et celle du peuple diffèrent
Sur la guerre, et si vous demandiez son avis,
Le peuple vous dirait qu'il ne veut pas la faire,
Le peuple vous dirait qu'il n'en a pas envie.

Si vous lui demandiez, le peuple dirait NON !
Ils vous enverraient paître avec tous vos ministres,
La France vous dirait d'arrêter le sinistre.
En attendant, la France vomit votre nom.

Car vous voulez la guerre, qu'elle continue,
Et le courage étant pour vous chose inconnue,
Dans votre château fort changé en oppidum,
Vous ne proposerez pas ce référendum.

Et vous vous terrerez pour ne pas écouter,
Comme un rat, oh pardon, disons un « surmulot ».
Je ne veux pas non plus ici les insulter :
Aucun rat n'agira jamais comme un salaud.

Si je m'adresse à vous, ce n'est pas pour vous mettre
À la place à laquelle vous prétendez être,
Mais bien parce qu'hélas, monsieur, vous usurpez
Votre titre à la place que vous occupez.

Et que pour obtenir en France quelque chose,
C'est encore par vous, hélas, qu'il faut passer.
Mieux vaut pour vous, monsieur, me donner gain de cause.
Je dis cela pour vous, non pour vous menacer.

N'attendez pas, monsieur : la France est en colère
Et vous fera payer tous vos atermoiements.
Vous la faites ramer de galère en galère,
Elle ne ramera pas éternellement.

Vous avez fait le Mal : à vous de le défaire.
Vos amis du Forum, et leurs singes savants
N'en ont plus pour longtemps pour autant qu'ils s'enferrent.
Un conseil : n'attendez pas que tourne le vent.

En ce moment, vos armes tuent des Ukrainiens,
Et qu'ils soient de l'est ne change rien à l'affaire.
Vous leur faites du mal : cessez de leur en faire,
L'aide de la Russie ne vous concerne en rien.

Ce sont des Ukrainiens que vous tuez là-bas.
Qu'ils fassent sécession n'est pas votre problème.
Et si leur peuple veut disposer de lui-même,
C'est son droit. Ce n'est pas, monsieur, notre combat.

Ce peuple aura subi la violence kiévienne
Huit ans sans que l'Europe ne dise un seul mot ;
Si c'est de la Russie que les secours s'en viennent,
Qu'importe, si Dieu veut que s'apaisent les maux.

Dès lors, la France n'a pas à prendre parti
Dans ce qui est la fin d'une guerre civile,
Et l'Europe n'a pas, de manière servile,
À compatir pour qui Dieu-l'Otan compatit.

Vous voulez faire au monde une peur atavique,
Peindre Poutine en pourfendeur de l'Occident,
En dément, et le Russe, version bolchévique,
Armé de son fameux « couteau entre les dents ».

Mais non, Monsieur Poutine n'est pas Raspoutine,
Ni le Russe non plus, affreux, sale et méchant.
Nos peuples jusqu'à vous allaient se rapprochant :
Que leur inventez-vous des haines intestines ?

La France et la Russie sont des peuples amis
Depuis bien avant que l'Ukraine le devienne.
Et nous n'attendrons pas, monsieur, quoi qu'il advienne,
Pour recréer ce lien, que vous soyez démis.

Non, la Russie n'a pas de vues hégémoniques
Sur l'Europe de l'Ouest et sur notre pays.
C'est l'Otan qui menace plutôt la Russie,
L'Otan et les États désunis d'Amérique.

L'Otan qui n'a cessé de rompre la promesse
Faite aux Russes de ne jamais se rapprocher
De leur étranger proche, ou de s'y rattacher,
Mais commet le péché lorsque dite est la messe.

Rien d'écrit, cependant ce fut chose promise,
Donc chose due, mais qui ne fut pas reconnue.
Le parjure en Russie n'étant pas chose admise,
L'exception ukrainienne était donc malvenue.

Maïdan fut la façon de contourner l'obstacle
Et de mettre en Ukraine un bouffon au pouvoir,
Un valet de l'Otan qui se fit un devoir
De remettre son maître en jeu dans le spectacle.

Et vous voulez tromper le monde pour autant ?
Calomnier la Russie en trafiquant l'Histoire ?
Et que la France meure, monsieur, pour l'Otan ?
Allez vous faire foutre ! Allez vous faire croire...

La Russie ne veut pas conquérir la planète.
La Russie ne veut pas d'un grand ordre mondial.
Ce que veut la Russie, c'est faire place nette
En libérant l'Ukraine des forces du Mal.

À l'heure où par ces mots je sonne l'olifant,
Vos armes tuent des gens, des femmes, des enfants,
Des vieillards, des civils, et ce dans les deux camps.
Jusqu'où donc irez-vous ? Jusqu'où ? Et jusqu'à quand ?

Je pense aux Ukrainiens que « l'armée ukrainienne »
A tués au Donbass et à ceux qu'elle tue
Avec vos armes parce qu'ils se sont battus
Contre le bandérisme et sa verve hitlérienne.

Je pense aux soldats russes qui tombent là-bas
Pour défendre les peuples huit ans massacrés,
Qui tombent sous le feu de vos armes livrées,
Alors que ce conflit ne vous regarde pas.

Je pense à leur famille, leurs proches qui pleurent,
Comme on pleura jadis ceux qui vinrent chez nous
Se battre en Normandie, et sur nos plages meurent
Pour que la France ne vive plus à genoux.

Et je pense à la France, à ce qu'elle va là
Subir dès cet hiver à cause de vos frasques :
Famines, pénuries, les faux vaccins, les masques...
Et la guerre, bien sûr, pour expliquer cela.

Je pense à cette France que vous offensez
En voulant faire d'elle une nation guerrière,
En prêtant votre propre folie meurtrière
À qui crie « Halte au feu ! », à qui dit « C'est assez. »

Assez de ces conflits qui ne sont pas les nôtres,
Assez de cette guerre et des mauvais effets
Qu'elle aura sur nos vies et sur celles des autres.
Elle serait finie si vous n'aviez rien fait.

Cessez vos livraisons d'armement en Ukraine,
Arrêtez, sur le champ, monsieur, ces livraisons.
Faute de cœur, il faut savoir garder raison,
La France n'ira pas où vos démons l'entraînent.

En tant que citoyen d'un pays souverain,
En temps que membre d'une nation souveraine,
Je vous le dis au nom du peuple suzerain :
Il ne faut plus livrer des armes en Ukraine.

Et puisque c'est à vous qu'il me faut m'adresser,
À vous qui n'êtes pas président des Français,
Mais celui qui dirige, ordonne, coordonne…
Écoutez l'ordre ici que la France vous donne.

Et, sans tergiverser,
Monsieur, obéissez.

## En d'autres termes

En réponse au discours inqualifiable prononcé le 20 septembre 2022 au nom du peuple français par celui qui se présente aujourd'hui comme étant son président.

Paris, le 29 septembre 2022

Monsieur,

Combien de temps, prenant Marianne pour pécore,
Salirez-vous la France et serons-nous tenus
De la voir humiliée, comme devant l'ONU
Elle le fut par vous ce vingt septembre encore ?

N'avez-vous donc aucun respect pour la patrie ?
Pensez-vous donc pouvoir, et toujours davantage,
Abuser les Français avec vos radotages,
Et le monde, monsieur, avec votre hystérie ?

Croyez-vous donc pouvoir avec vos faux-semblants,
Vos tours de métaphore et autres catachrèses,
Éteindre l'incendie en soufflant sur la braise
Et vêtir à nos yeux la guerre de lin blanc ?

La guerre est un échec. Une erreur. Une honte.
Une abomination que rien ne justifie.
Et si la France doit relever un défi,
C'est celui de la paix. Hors d'elle, rien ne compte.

Pensez-vous donc vraiment obtenir l'allégeance
De ceux qui disent non à vos projets guerriers ?
En jouant sur les mots pour les faire vriller ?
En insultant leur âme et leur intelligence ?

N'avez-vous rien appris de ce que nous léguèrent
Par leurs enseignements l'Histoire et nos anciens,
Des leçons à tirer, monsieur le milicien ?
On ne fait pas la paix en plaidant pour la guerre.

N'avez-vous rien appris de ce que fut la France,
Et de ce qui fit d'elle un exemple jadis ?
Du bon et du mauvais ? Où va-t-on, *quo vadis*,
Si elle ne sait plus faire la différence ?

La guerre ne sera jamais la solution
Pour régler un conflit tel celui de l'Ukraine.
Pour la France, il n'y a pas d'autre position
À tenir quand la guerre répand sa gangrène.

Pour la France, il n'y a pas d'autre voie, monsieur,
Que celle qui toujours fit sa suprématie
Depuis que la sagesse et la diplomatie
Remplacent ses canons sous la voûte des cieux.

Voilà ce qu'il fallait dire ce vingt septembre
À l'ONU, tel Dominique de Villepin
Face à Colin Powell, et non comme Jupin,
Agiter vos éclairs devant les États membres.

Pour qui vous prenez-vous pour croire un seul instant
Imposer la vision de la pensée globale
En déversant ainsi votre diarrhée verbale
Sur le monde et l'esprit de ses représentants ?

La salle où vous avez, monsieur, pris la parole,
Était vide aux trois quarts et, pour vous écouter,
Un reste du Conseil dit « de sécurité »
Plus les sympathisants de ceux qui le vérolent.

Vous voici devant eux comme un pantin minable,
Imitant du tribun la gestualité
Avec moins de succès et d'efficacité
Qu'un Führer, mais autant de haine insoutenable.

On ne fait pas la paix de façon si obscène
En hurlant contre un peuple « Haro sur le baudet ! »
Et quand la flamme prend sous l'effet du soufflet,
On ne fait pas la paix en propageant la haine.

Je pose une question, la même que posa
Monsieur de Villepin à son contradicteur,
Le jour où, par sa voix, la France récusa,
Et le monde en écho, la guerre et ses fauteurs.

« En quoi la nature et l'ampleur de la menace
Justifient-elle ici le recours immédiat
À la force », monsieur, quand, à hue et à dia,
Vous prêchez pour l'enfer de façon si tenace ?

« Comment faire en sorte que les risques », je cite,
« considérables d'une telle intervention »
Ne puissent retenir ici votre attention
Au point de les soumettre avant au plébiscite ?

En m'inspirant toujours du discours s'élevant
Pour la France à l'ONU il y a dix-neuf ans,
Je veux répondre au vôtre avec circonspection,
Vous répondre, monsieur, avec une question.

La question qu'à Powell posa de Villepin,
Je vous la pose à vous, monsieur Perlimpinpin :
Avez-vous bien conscience des risques qu'entraîne
Le fait de guerroyer aux côtés de l'Ukraine ?

La France a-t-elle plus à perdre ou à gagner
A faire pour l'Otan partie des alignés ?
Êtes-vous sûr de bien « maîtriser » cette affaire ?
Vous ne répondrez pas. À moi donc de le faire.

Nul ne peut maîtriser un conflit qui s'avère
Pouvoir se transformer en conflit nucléaire ;
Et parlant de « l'ampleur de la menace », eh bien,
Elle vient à mon sens du pouvoir ukrainien.

L'Europe n'est pas menacée par la Russie
Qui n'agit qu'en soutien des peuples russophones
Ayant fait sécession quand l'Ukraine chiffonne
Les accords qui devaient éviter tout ceci.

Je parle des accords de Minsk interrompus,
Que l'Ukraine a signés et l'Ukraine a rompus.
La Russie s'interpose alors et se décide
À empêcher ce qui devient un génocide.

L'Europe laissant faire, il fallait bien ainsi
Un pays pour agir, et ce fut la Russie.
L'Europe n'est donc pas menacée. Pour l'instant,
Seules sont contrariées les visées de l'Otan.

Nonobstant l'intangibilité des frontières,
Il est un droit des peuples bien plus haut placé,
Ce droit qui mit au monde le peuple français,
Est celui que vous réfutez en la matière.

Ce droit des peuples qui de tous est le suprême,
Et que nul autre n'a le droit de contester,
C'est celui que Moscou veut faire respecter :
C'est le droit d'un peuple à disposer de lui-même.

C'est le droit de Donetsk et de Lougansk aussi.
C'est ce droit qu'en Ukraine défend la Russie,
Car Donetsk et Lougansk au terme du martyre,
Des griffes de l'Ukraine à présent se retirent.

Et la France devrait donc être à leur côté,
Non pas intervenir ainsi qu'une milice
Aux dépens de leur droit, et faire la police
Pour le compte de qui voudrait le contester.

Donetsk, Lougansk ne font plus partie de l'Ukraine,
Qu'on se le dise enfin ! C'est un fait avéré.
Désormais leurs deux peuples se sont libérés
Du nazisme en formant deux nations souveraines.

C'est Donetsk et Lougansk, non pas les condottières
Ukrainiens, que l'Europe devrait protéger.
C'est de Kiev non des Russes que vient le danger
En parlant d'intangibilité des frontières.

« Le recours immédiat à la force » n'a donc
Aucune raison d'être. Coupant le cordon,
Deux nouvelles nations se créent, se constituent,
La Russie accrédite leur nouveau statut.

En voisin, la Russie protège les frontières
De ces deux nations qui le sont à part entière.
Ces trois peuples dès lors se comportent comme un,
Au nom des intérêts qu'ils auront en commun.

Et Dieu sait qu'ils en ont, tout cela est notoire.
Je ne parle pas seulement de leur histoire,
Mais il y a leur langue aussi que les Kiéviens
Projetaient d'interdire... On voit ce qu'il advient.

Faut-il que je rappelle aux BHL & co
En quels termes parlait monsieur Porochenko
Des peuples du Donbass réputés russophones
Après le coup d'État que l'Europe cautionne ?

Et dois-je rappeler toutes les exactions
Qui dès lors s'ensuivirent dans l'est de l'Ukraine
Et l'enfer que vécurent ses populations,
Tout cela dans l'indifférence européenne ?

Moscou tentera tout diplomatiquement,
Mais ne pourra non plus ne rien faire, se taire
Et s'en tenir à la seule aide humanitaire,
En laissant le Donbass en proie à ses tourments.

C'est pour mettre un arrêt au fatal engrenage
Qui mène au génocide, empêcher le carnage,
Que la Russie, qui ne peut le faire autrement,
Choisit de s'engager plus militairement.

D'autant que les Russes de source sûre apprennent
Que les nazis de Kiev s'apprêtent en Ukraine
À nourrir au Donbass leur nazisme chronique
Par une opération d'épuration ethnique.

L'est de l'Ukraine ainsi se trouvant menacé
D'un tel massacre, les Russes l'ont devancé :
Les peuples du Donbass n'ayant d'autre recours
Qu'appeler la Russie alors à leur secours.

Il n'y a pas de guerre à faire pour cela,
Tout au plus négocier avec ceux qui s'affrontent
Pour trouver un accord de paix qui tienne compte
De l'intérêt des autres, des uns, et voilà.

Pas de guerre à faire pour nos populations
Qui ne sont menacées que par ceux qui la veulent.
La tête du dragon qui ouvre là sa gueule
Est celle dont l'Ukraine étend la corruption.

C'est celle de l'Otan, des américanistes
Qui ont fait allégeance au pouvoir sataniste
Héritiers du nazisme et de ses avatars :
Il faut chasser la bête avant qu'il soit trop tard.

Et la bête n'est pas l'ours de la taïga.
L'ours de la taïga est un ours sédentaire :
Il ne convoite pas ce qui n'est pas sa terre,
Mais malheur à qui veut s'en prendre à ce qu'il a.

Malheur à qui bravant l'ours de la taïga,
S'approchant de son fief, présente une menace !
L'Otan veut avec Kiev le prendre dans sa nasse,
Et l'ours pour se défendre fera du dégât.

La Russie se défend. Il faut être gaga
Pour aller chatouiller l'ours de la taïga[8] ;
Il faut être l'Otan... Kiev a franchi le pas :
La Russie se défend, elle n'attaque pas.

Les Russes ne bombardent pas Kiev, que je sache !
C'est ce qu'en premier lieu l'Oncle Sam et l'Otan
Auraient fait à la place des Russes, portant
Avant le coup d'épée, d'abord le coup de hache.

---

8. Ou : « Pour aller titiller l'ours de la taïga ».

Attention à ceux qu'aujourd'hui la propagande
Présente comme étant ceux qui sont agressés :
Ce sont les agresseurs. Et le peuple français
N'a donc pas à céder à toutes leurs demandes.

Personne ne menace la France aujourd'hui,
Personne, à part celui qui se sert de la France
Pour menacer autrui. La menace, c'est lui.
La France veut la paix, non la belligérance.

Assez d'argent souillé, de milliards en substance
Pour répandre le mal, faire couler le sang.
User de cet argent ainsi est indécent.
Qu'il le soit pour le bien en toute circonstance !

Voilà ce qu'il fallait, monsieur, dire à l'ONU,
Et non gesticuler ainsi qu'un fou furieux
Pour exhorter l'Europe à mettre sous les bombes
En soutien des nazis les doux pieds dans la tombe.

La menace ne vient donc pas de la Russie,
Mais de ceux qui rejettent la diplomatie
Et veulent enclencher un conflit nucléaire
Pour masquer leurs mensonges et leurs crimes de guerre.

Qu'on ne me dise pas que l'Europe ignorait
Que Donetsk et Lougansk déjà se libéraient,
Quand, à Minsk, l'Allemagne vint avec la France
Arbitrer le traité des forces en présence.

À la table de Minsk, la décision fut prise,
Pourtant par le pouvoir kiévien qu'il fut admis,
Que Donetsk et Lougansk eussent l'autonomie
Et que cessa le feu. Cela à deux reprises.

Signer cela, c'était, de manière implicite,
Reconnaître pour Kiev l'auto-proclamation
De ces deux républiques de forme illicite,
Certes, mais déjà en voie de constitution.

Sinon, pourquoi vouloir réunir à sa table
Monsieur Zakhartchenko et monsieur Plotniski,
Et conclure avec eux, s'ils sont n'importe qui,
Un accord qui dès lors deviendrait contestable ?

Kiev a bien ratifié avec eux cet accord,
Donc ainsi reconnu leur légitimité.
Et si Kiev pour autant ne l'a pas respecté,
L'accord reste en vigueur, et donc valable encore.

Double cessez-le-feu pour les antagonistes ;
Retrait des armes et régiments étrangers ;
Autonomie locale pour les insurgés ;
Élections dans les deux oblasts sécessionnistes.

Tous ces points par deux fois ont été approuvés,
Signés et paraphés par tous les mandataires,
Et malheureusement pour tous les signataires,
Deux fois la situation n'a fait que s'aggraver.

Qui en sont les fautifs ? Les dirigeants, sans doute,
Et les peuples toujours ceux qui en pâtiront.
Les proches du pouvoir toujours s'en sortiront,
Mais les peuples paieront l'humaine banqueroute.

En tout état de cause, ce qui en ressort
N'est ni de notre fait ni de notre ressort,
Cette guerre est une guerre de sécession,
Ne laissons pas l'Otan l'étendre à nos nations.

L'Europe ne doit pas ainsi se sacrifier
Pour que le leadership américain perdure.
Apprenons de l'Histoire encore à nous méfier,
Et elle ne nous mènera plus la vie dure.

L'Europe n'est pas un allié des USA,
Mais un outil, c'est tout. Et lorsqu'il cassera,
« L'ami » américain en se faisant la belle,
Sans scrupule le jettera à la poubelle.

Alors, pourquoi vouloir se montrer plus yankee
Que le Yankee lui-même, et frapper de sanctions
La Russie qui se moque de la punition ?
Pour qui ? Pour les beaux yeux de monsieur Zelensky ?

C'est l'Europe qui souffrira de ces sanctions
Et non pas la Russie. Quant au grand conseilleur,
Lorsque viendra son tour d'être aussi le payeur,
Il n'aura pour l'Europe aucune compassion.

Il laissera l'Europe à sa déconstruction.
Ne parlons même pas de la France en déroute,
L'Oncle Sam l'oubliera sur le bord de la route
Et cela sans la moindre considération.

Le peuple américain le paiera forcément,
Car le prix du pétrole augmentant à mesure
Que la planche à billet consomme son usure,
Bientôt qui donc voudra du dollar pour paiement ?

Les sanctions n'ont jamais été chose rentable.
Même Napoléon premier en fit les frais
Lorsqu'après Waterloo l'addition des Anglais
En retour du blocus arriva sur la table.

La France alors versa à la perfide Albion
700 millions en or pour indemnisation
De ce que coûta le blocus continental.
Il fallut rembourser aux Anglais le total.

Les sanctions pour les Russes seront salutaires,
Ainsi que le blocus le fut pour l'Angleterre.
Et la France, pour avoir prôné les sanctions,
En paiera le tribut, en paiera l'addition.

Qui sanctionne le paie un jour vaille que vaille :
Les Russes d'aujourd'hui tels les Anglais d'hier
En tireront profit, ils vendront à des tiers
Le gaz qu'ils n'auront pas coupé en représailles.

Et les peuples d'Europe seront condamnés
À acheter plus cher le gaz russe à leurs pairs.
Le Russe y gagnera ce que l'Europe y perd.
C'est donc le sanctionneur qui sera sanctionné.

Ne pouvons-nous donc rien apprendre du passé
Qui donne du présent une vision plus haute,
Qui empêche de commettre les mêmes fautes
Chaque fois que l'Histoire va recommencer ?

Quand ils veulent, les États-Unis ici-bas
Envahissent, bombardent sans une sanction,
Mais si Poutine vole au secours du Donbass,
Le monde entier devrait lui faire opposition.

De qui se moque-t-on en conjuguant ainsi,
Pour nuire à la Russie, encore Europe et haine ?
Le danger, c'est l'Otan, ce n'est pas la Russie
Pour ce qui reste de l'Union européenne.

Le monde ne veut pas de ces sanctions ineptes,
Il s'oppose à la guerre et l'exprime en votant ;
Les seuls qui, se liguant, s'en feront les adeptes,
Étant la France et puis les amis de l'Otan.

L'Europe ne sera plus qu'un champ de bataille
Où viendront s'affronter loin de là où ils sont,
Aux dépens des petits, le banc des gros poissons,
L'Europe qui, dès lors, ne sera plus de taille.

À la question « Y a-t-il urgence à guerroyer ? »,
La réponse est : « Le jeu n'en vaut pas la chandelle. »
À la question « Y a-t-il un risque, vous croyez,
De ne rien maîtriser ? », la réponse vient d'elle.

La guerre est justement la fin de la maîtrise.
Elle advient lorsque nul ne maîtrise plus rien.
Ceux qui veulent la guerre et vivent de la crise,
Sont les mêmes voyous, sont les mêmes vauriens.

Vous êtes l'un d'entre eux, monsieur le va-t-en-guerre,
Vous êtes un truand, un tueur en col blanc,
Et vous devrez payer quand viendra le moment
Le mal que vous avez répandu sur la terre.

Votre suffisance et votre mépris du monde
Ont isolé de lui Françaises et Français,
Mais, du pied, saint Michel foule la bête immonde,
Et la France, monsieur, attend votre procès.

Votre appel à la guerre fut une abjection
De plus à mettre au compte de vos exactions.
Et la France, monsieur, n'a qu'une solution,
C'est d'obtenir enfin votre destitution.

C'est ce qu'elle doit faire, et à quoi je l'exhorte,
En appelant à moi cinquante-huit députés,
Trente-trois sénateurs, à faire de côté
Le pas qu'il faut pour que la justice l'emporte.

La justice et, avec elle, la vérité.
Je ne crois pas, monsieur, qu'une France dévote
Se prononcerait pour la guerre par le vote.
Si vous n'aviez pas peur, vous la feriez voter.

La France en gilet jaune avec ou sans culotte,
La France dirait non, monsieur, vous le savez.
Alors cessez de la traiter comme une sotte,
Ou la plage à nouveau viendra sous les pavés.

Que nous réserve donc votre verve hystérique ?
Direz-vous que tout bon Russe est un Russe mort,
Comme les Vroublevski[9], Filatov[10] et consorts ?
Comme le fit Custer des Indiens d'Amérique ?

Traiterez-vous aussi les Russes de « sous-hommes »
Ainsi qu'un Yatsenyuk ou bien un Zelensky ?
Est-il, comme pour eux, pour vous un fait acquis
De devoir opprimer l'Ukrainien russophone ?

Direz-vous, le chassant, qu'il faut « l'ukrainiser »,
Pour reprendre le terme du Sieur Danilov,[11]
Qui voit le Russe avec les yeux du groupe Azov
Comme un être infecté qu'il faut stériliser ?

---

9. NdÉ : Ambassadeur ukrainien auprès du Kazakhstan, Petro Vroublevski fit des déclarations peu diplomatiques : « Plus nous tuons de Russes, moins nos enfants auront à le faire. »
10. NdÉ : Maire de Dnipro, Boris Filatov considère les Russes comme des « non-humains » et qu'ils doivent être tués « méthodiquement » et dans « les plus larges quantités possibles » à travers le monde.
11. NdÉ : Oleksiy Danilov est secrétaire du Conseil de défense et de sécurité nationale de l'Ukraine.

Plaiderez-vous aussi pour l'extermination
Du peuple russophone alors qu'il se défend,
Ainsi que Zelensky menace d'extinction
Au Donbass les enfants et les petits-enfants ?

Qu'allez-vous dire encore en discours s'il vous plaît
Qui montre de la France un visage si laid ?
Nous gratifierez-vous, entre autres fantaisies,
De quelques cris de guerre ou d'un salut nazi ?

Que n'avez-vous été ce que fut à l'ONU
Il y a dix-neuf ans monsieur de Villepin ?
Que n'avez-vous été ce Français devenu
La voix du monde libre et non des turlupins ?

Je me souviens de ce 14 février
2003 et de ce moment de silence
Avant que les applaudissements ne s'élancent
Dans le fond de la salle aux yeux du monde entier.

Les ambassadeurs des pays non alignés
Applaudissaient la France en ce jour historique
Pour avoir en leur nom dit non à l'Amérique.
La France ce jour-là ne s'était pas reniée.

La France n'avait pas eu à vendre son âme
Aux démons de l'ONU, vous l'aviez épargnée,
Monsieur de Villepin, vous raviviez la flamme
Et par votre discours, la France avait gagné.

Votre voix s'élevant fut celle du poète,
Elle damait le pion aux guerriers potentats.
Peut-être est-ce cela qui manque à nos États
Plus souvent pour parler, un poète à leur tête ?

C'est la paix ce jour-là qui fut bénéficiaire
Du vote de l'ONU. La Paix et non la guerre.
Et la France par vous fut celle qui l'obtint,
Même si l'Amérique ignora le scrutin.

L'Amérique attaqua sans l'accord de l'ONU,
Mais sans que l'on jugea cette attaque excessive.
Pourtant, chacun le sait, les faits sont reconnus :
Aucune arme en Irak de destruction massive.

Ce que fait l'Oncle Sam, l'Histoire le cautionne :
Bush, Clinton, Obama tueront en vingt-trois ans
Dix millions de civils et ce en détruisant
Neuf pays, sans jamais que nul ne les sanctionne.

Mais à part l'Oncle Sam, il est dit que personne
Au monde n'a le droit d'envahir un pays
Pour secourir son peuple ainsi que la Russie
Le fait dans le Donbass. Personne. Non. Personne.

L'oncle Sam qui s'arroge encore tous les droits
En sabotant Nord Stream, sans accord de surcroît,
Accomplissant ainsi par totalitarisme
Ce qui n'est autre qu'un acte de terrorisme.

L'Oncle Sam qui oublie le serment qu'à Yalta
Se firent les alliés de rester en l'état
Un rempart permanent contre le cataclysme
Que représenterait le regain du nazisme.

N'est-ce pas aujourd'hui ce dont saigne l'Ukraine,
Où règnent les nazis autant qu'à leurs débuts ?
À l'heure où le nazisme revient dans l'arène,
La Russie l'affrontant ne commet nul abus.

Ce serment, l'Oncle Sam ne l'a pas respecté.
À l'inverse, il préfère combattre aux côtés
Des nazis ukrainiens qui, huit ans sévissant
Au Donbass, ont mis l'Ukraine à feu et à sang.

L'Oncle Sam n'entend pas non plus suivre la voie
Des peuples qui, votant légalement, s'expriment,
Et par référendum viennent avec leurs voix
De désigner au monde ceux qui les oppriment.

Si Poutine avait vraiment été l'oppresseur,
La Russie n'aurait pas gagné tous les suffrages :
Si la force ne peut repousser l'agresseur,
Le vote alors vaut mieux que force ni que rage.

Et voilà que tous ceux qui nient la fraude en France
Récusent de Kherson et de Zaporijjia
La sanction du scrutin, contre les apparences,
Et la joie dans les rues qui s'affiche déjà.

Le Donbass a choisi la Russie quoi qu'en dise
L'Oncle Sam et l'Europe de Von der Leyen,
Le Donbass a choisi la Russie non l'Ukraine,
Et le cœur du village à nouveau son église.

L'Oncle Sam a tant vassalisé notre Europe
Afin de consommer son démantèlement,
Que sous le jougs de clans aux pouvoirs interlopes,
Les peuples sont trahis par leurs gouvernements :

Le peuple européen, sauf peut-être en Hongrie,
Le peuple américain, par les États-Unis.
L'argent et les moyens de la guerre en Ukraine,
C'est aux peuples que les gouvernements les prennent.

L'Ukraine... Est-ce vraiment l'Ukraine que l'Ukraine ?
Et savent-ils vraiment, au fond, les Ukrainiens
Si, vue de Kiev, l'Ukraine est encore ukrainienne ?
Je pense, au bout du compte, qu'ils n'en savent rien.

Je vois ce territoire ingéré par les autres,
Je le vois envahi, mais ce depuis longtemps,
Envahi par tous ceux qui œuvrent pour l'Otan,
Par l'Oncle américain qui joue les bons apôtres.

17 millions d'hectares : un bon quart de l'Ukraine
Appartient à trois sociétés américaines ;
Chaque jour, l'Ukraine est bradée contre son gré ;
Et il n'y aurait pas de conflits d'intérêts ?

Dois-je faire la liste des propriétaires
Actuels de l'Ukraine, et qui trustent ses terres :
Américains, Anglais, Français ou Saoudiens,
Et, de son Luxembourg, l'oligarque Ukrainien ?

Dois-je parler aussi des petites affaires
Des Biden père et fils trafiquants de virus,
Et des autres trafics là-bas qu'ils peuvent faire ?
Qui envahit l'Ukraine ? Est-ce eux ou bien les Russes ?

Pour qui meurt au combat un soldat de l'Ukraine ?
Est-ce vraiment pour une nation souveraine
Ou bien pour un pays qui ne l'est plus vraiment,
Pour un peuple trahi par son gouvernement ?

N'est-ce pas là d'abord contre cet étatisme
Qui prend le bien du peuple et le vend à autrui
Que l'Ukraine devrait se lever aujourd'hui
Et faire acte pour elle de patriotisme ?

Cette Ukraine abreuvée de milliards par l'Otan,
Mais où les gens n'ont pas de quoi vivre pourtant,
Dont le pouvoir d'achat est d'un pays conquis
Et baisse autant que croît celui d'un Zelensky ?

Tous les peuples d'Europe sont pris en otage,
Et le peuple ukrainien particulièrement,
Par ceux qui aujourd'hui pillent leurs héritages ;
Les Russes ne sont pas de ces gens-là, vraiment.

À méditer, ces mots que je trouve logiques
Du Président Poutine à quelque chroniqueur :
« Tout Russe qui ne serait pas un nostalgique
De l'Union soviétique n'aurait pas de cœur...

Mais celui qui songerait à la reformer
N'aurait pas de tête. » Fermez les guillemets...
Pensez-vous que quelqu'un qui parle ainsi voudrait
Faire ce dont il dit qu'un idiot le ferait ?

Poutine n'est pas du genre à s'embarrasser,
À faire du nouveau avec du dépassé,
Et son projet n'est pas celui du monde ancien,
Mais d'un monde nouveau. Son projet, c'est le sien.

L'Europe est dévastée par l'Oncle d'Amérique,
La guerre n'étant là que pour vider ses stocks,
Pour l'empêcher d'unir ses forces historiques
Et d'aller de Paris jusqu'à Vladivostok.

C'est le mauvais cheval que l'Europe a choisi,
C'est le mauvais allié que pour elle est l'Otan,
Elle aurait dû rallier le Russe et l'Eurasie
Et non pas se marier ainsi avec Satan.

C'est ce refus gaullien de porter les valises
De l'Oncle américain, monsieur de Villepin,
Que vous avez su faire entendre dans l'église
Où l'union des nations vient partager le pain.

La France, ce jour-là, aura montré du doigt
À quel point tout cela cause un déséquilibre,
La France ce jour-là a fait ce qu'elle doit,
La France aura été la voix des peuples libres.

C'est la dernière fois que j'entendis, je pense,
Et la voix de la paix et la voix de la France
S'élever dans le monde au nom de ses valeurs,
Et du drapeau français honorer les couleurs.

Grâce vous soit rendue, monsieur de Villepin,
Mais cette France-là, hélas, sent le sapin.
Ceux qui l'ont prise en main et qui la dévalisent
Pour d'autres font le choix de porter les valises.

Elle qui se tenait « debout devant les hommes »
Devrait mettre aujourd'hui genoux à terre en somme
Pour d'autres intérêts que ceux du citoyen,
La France devrait perdre ainsi tous ses moyens.

Pourquoi ? En quel honneur et pour quelle chapelle ?
Pour qui ? Pour quel pouvoir ? Et pour quel résultat ?
La France est de son peuple et plus de son État,
La France est aujourd'hui la force que j'appelle.

Nous étions les gardiens jadis d'une conscience,
On veut faire de nous les valets d'une science
Elle-même vendue au pouvoir de l'argent
Contre l'avis commun, contre la vie des gens.

Mais la France toujours restera sur la terre,
Celle qui dira non à ce qu'il ne faut pas,
Non à qui croit pouvoir un jour la faire taire,
La faire se coucher, ou faire le faux pas.

Aussi, fermant la parenthèse de l'hommage
Que je vous rends ici, monsieur de Villepin,
Je reprends mon adresse au triste galopin,
Qui ne fait qu'abîmer la France et son image.

Et je laisse le « vous », quel que soit son statut,
Je laisse ici le « vous » pour lui donner le « tu » ;
Pour lui dire : « Eh, petit, garde tes bavardages,
Garde tes boniments, ta presse et tes sondages. »

Garde-les pour tes preux, tes minets, tes mignons,
Et tous les maquignons siégeant à Matignon ;
Garde tes airs hautains pour ceux qui les supportent,
Et prépare-toi, car tu vas prendre la porte.

C'est assez des désastres que tu as causés
En France et dans le monde avec tant de constance,
Et sans manifester la moindre repentance,
C'est assez de donner au monde la nausée.

Et, face à ce qui n'est que folie belliciste
Étrangère à la France et à ses idéaux,
Je te le dis, petit, te le dis fort et haut :
C'en est fini de toi, même si tu insistes.

Personne au monde ne peut plus te supporter,
Tu n'as plus rien à faire à l'endroit où tu es,
À part continuer à te prostituer.
Avis aux sénateurs, avis aux députés.

Avis donc aux bedeaux qui trouveraient plaisant
D'avoir à leur usage un siège au Parlement
Pour y faire dodo : il est temps à présent
De changer de visage et de siéger vraiment.

D'être de ces élus qui méritent de l'être,
Et non pas et non plus ces lâches et ces traîtres
À la botte du maître en piètres godillots,
D'être des députés et non plus des grouillots.

Soyez les dignes représentants de la France,
Faites votre devoir au lieu d'y renoncer,
Dressez par votre action le constat des carences
De celui qui prétend gouverner les Français.

Faites-lui le procès que la France réclame
Et retrouvez ainsi votre honneur disparu,
Rendez à l'Assemblée ce qui était son âme
Et rejoignez ainsi la France dans la rue.

J'invoque à travers vous la France cardinale,
Celle qui fonde en elle le peuple français.
Il faut une Représentation nationale
Pour empêcher la tyrannie de s'exercer.

Quant à toi, petit roi de la secte vénale,
Sache que tu appartiens déjà au passé :
Contre toi, par la voie légale et doctrinale,
La France qui le doit, va bientôt se dresser.

C'est pourquoi face à ton ambition infernale,
Au nom du peuple enfin venant à statuer,
J'appelle la Représentation nationale
Formant la Haute Cour à te destituer.

               Envoi

Prince qui ne l'est pas, gérant de pacotille,
Laquais du grand Forum érigé en sauveur,
Je ne suis qu'un poète, un artiste, un rêveur,
Mais je suis un Français, donc je prends la Bastille.
La tienne va tomber, comme toutes les autres.
La tienne va tomber, n'en doute pas, « saigneur »,
Et la France, non pas la tienne mais la nôtre,
Pour tous, redeviendra la maison du bonheur.

**Ratio Decidendi**
(chant royal)

Reims, le 2 octobre 2022

Attendu que celui qui se dit président
Rend la loi illicite en la contredisant
Pour violer toutes les procédures légales,
Qu'il oblige les gens en les intimidant
À nuire à leur santé en la fragilisant
Et, pour noyer le chien, l'accuse de la gale ;
Attendu que faute d'obtenir l'adhésion,
Il l'extorque… Attendu qu'il crée la division
Et rompt l'égalité, suspend les libertés,
Contraint les citoyens à se faire injecter
Malgré eux des produits qu'à leurs dépens l'on teste,
Ce qui n'est autre qu'un manquement manifeste
Aux obligations du président, je maintiens
Qu'il devient essentiel d'appeler en soutien
L'Assemblée, le Sénat et, par là, comme suit,
D'opposer au tyran, l'article 68[12].

…/…

---
12. Article 68 de la Constitution.

Attendu que celui qui se dit président
Menace et persécute en les ostracisant
Toute gent qui dit non à la pensée globale ;
Attendu qu'il pourchasse ainsi les dissidents,
Les diffame, les raille, en leur interdisant
L'accès aux grands médias qui dès lors les « remballent » ;
Attendu qu'il musèle et trompe l'opinion,
Sape l'institution et crée la désunion
Entre ceux qui croient ce qui leur est raconté
Et ceux qui n'y croient pas et seront rejetés ;
Attendu qu'il pourfend le peuple qui proteste,
Qu'il fait preuve ainsi d'un manquement manifeste
Aux obligations et devoirs présidentiels
Incompatible avec le mandat officiel,
Les deux Chambres devront se saisir comme suit :
Opposer au tyran l'article 68.

Attendu que celui qui se dit président
Divulgue à l'étranger des secrets réduisant
Par là même la sécurité générale ;
Attendu qu'il dépouille la France en bradant
Tous les biens de l'État, en le dévalisant,
Pour servir l'entité dite unilatérale ;
Attendu qu'il insulte à la moindre occasion
Françaises et Français à la télévision,
Dans la presse étrangère, partout sans compter,
Qu'il violente les gens qui vont manifester,
Qu'il fait taire la voix qui s'élève et conteste,
Ce qui constitue un manquement manifeste
Aux obligations du président, je le dis :
Il est temps à présent d'éteindre l'incendie,
Temps pour les assemblées d'agir et, comme suit,
D'opposer au tyran l'article 68.

Attendu que celui qui se dit président
De la France aujourd'hui aggrave en les creusant
Les déficits de toutes les caisses sociales,
Et que ces déficits sont tous coïncidants
Avec les décisions qu'il prend seul, s'opposant
Aux principes qui fondent la France initiale ;
Attendu qu'il augmente ainsi par sa gestion
La paupérisation de toute la Nation
Et porte alors atteinte à la fraternité
En privant de moyens la solidarité ;
Attendu que ceci, dans l'esprit, dans les textes,
Est bien la preuve d'un manquement manifeste
Aux obligations du président, les Français
Ont, de droit, le devoir d'en faire le procès.
Et, pour cela, je dis qu'ils doivent, comme suit,
Opposer au tyran l'article 68.

Attendu que celui qui se dit président
Concentre les pouvoirs et agit à présent
Comme nul ne le fit jamais dans les annales
Pour le compte de financiers non résidents,
Qu'il ne garantit pas les droits et, ce faisant,
Qu'il porte atteinte à la cohésion nationale ;
Attendu qu'il détourne la Constitution
Pour imposer sa loi à la population,
Du mensonge d'État faisant la vérité ;
Attendu qu'il accroît les inégalités
Et œuvre pour qu'en France les gens se détestent ;
J'attends qu'enfin le Parlement se manifeste
Et se saisisse au nom du peuple requérant,
Car il est temps, avant qu'on dissolve ses rangs,
De prendre les devants. Il est temps, comme suit,
D'opposer au tyran l'article 68.

Dire par ces motifs que ledit président
Risque la vie des gens en les utilisant
Comme cobayes pour l'industrie médicale ;
Dire et voir qu'il prive de droits, les suspendant,
Soignantes et soignants, personnes refusant
De céder aux pressions toujours plus radicales ;
Dire et voir qu'il trahit son pays, sa mission,
Trahit jusqu'à l'exercice de ses fonctions,
Vend du secret défense à qui veut l'acheter,
Fait la guerre sans que le peuple l'ait votée
Et renie les Français, ce qui est, je l'atteste,
Le pire de tous les manquements manifestes
À ces obligations dont il est inscrit dans
La loi qu'elles sont du devoir du président.
Représentants du peuple, il vous faut comme suit
Opposer au tyran l'article 68.

### Envoi

Messieurs les députés, face à vous, procédant,
Puisqu'il est établi par les faits précédents
Que celui qui se dit aujourd'hui président
Manque à tous ses devoirs, à ses attributions,
Donc manifestement à ses obligations,
Je vous demande face au trouble manifeste,
De purger le pays du poison qui l'infeste,
De vous constituer en Haute Cour et puis
D'opposer au tyran l'article 68.

Tornada en forme d'épigramme

L'Exécutif menace aujourd'hui l'Assemblée
D'être dissoute en cas de motion de censure.
Mesdames et Messieurs les députés, d'emblée,
Puisque rien du contraire ici ne vous assure,
Au lieu de rejoindre pompiers et infirmiers
Suspendus par celui dont l'ultime posture
Consiste à faire ici acte de dictature
En niant votre rôle : tirez les premiers !


Coda

À la dissolution opposez comme suit,
Ce qui est votre droit, l'article 68.

## Autrement dit

Saint-Cloud, le 4 octobre 2022

Arrive le moment où bon an et mal an
Il convient de jeter à la face le gant
Plutôt que d'en prendre pour répondre à l'outrage.

Où patience et longueur de temps s'accumulant,
Même si cela peut sembler extravagant,
Valent moins pour le lion que force ni que rage.

Arrive le moment où rester impassible,
Indulgent, mesuré, n'est plus chose possible,
Où ne pas dire mot, c'est consentir au mal.

Vient le temps où subir devient inadmissible,
Où l'abus de pouvoir doit nous rendre irascible,
Où l'être humain se doit de rester l'animal.

Et voilà que le gland se prenant pour un chêne
Se dresse contre l'arbre et qu'ainsi se déchaîne
Contre son peuple, hélas, celui qu'il a élu.

Voilà qu'un paltoquet décadent et obscène
Maltraite son prochain, maltraite sa prochaine,
Et se dit président alors qu'il ne l'est plus.

J'ai usé avec lui de trop de politesse,
De trop de retenue, de trop de « votre altesse »,
De trop de calme face à ses prêchi-prêcha.

Devant tant de rouerie et tant de petitesse,
De trop de voussoiements, trop de délicatesse,
Alors qu'il ne vaut rien, même pas un crachat.

Il est temps à présent que je change de ton
Avec ce roitelet qui n'est qu'un avorton,
Que j'adopte avec lui un plus simple langage.

Il est temps désormais, en dépit des moutons,
Des ratons qui le suivent, du qu'en-dira-t-on,
De lui dire : « Eh, petit, il faut que tu dégages. »

## Ode à la France et au peuple français

Paris, le 5 octobre 2022

Du haut de ma potence
Je regarde la France
J'y vois mes compagnons.
*Complainte de Mandrin*. Anonyme

Éveille-toi, ma France, il est temps de renaître,
Il est temps, dans le mur, d'ouvrir une fenêtre,
Il est temps de rejoindre avant ta destruction
Celles et ceux qui luttent, qui sont dans l'action.

Éveille-toi, ma France, il est temps de le faire,
Il est temps de remettre un pied dans tes affaires,
Il est temps pour toi de retrouver ton statut
Dans le monde et en toi ce qui fit ta vertu.

Éveille-toi, ma France, et prends de l'altitude,
Réapprends à t'extraire de la servitude,
Montre à celles et ceux qui hésitent, qui doutent,
Que le peuple est plus fort que tout ce qu'il redoute.

Éveille-toi, ma France, au nom des libertés
Que le pouvoir en place aujourd'hui t'a ôtées,
De cette égalité dont il n'a fait qu'un leurre,
De ta fraternité. Lève-toi ! Il est l'heure.

Éveille-toi, ma France, ma France éternelle,
Toi que j'appelle ici de façon solennelle,
Parce que je veux croire encore en ta fierté,
Parce qu'en tout je veux pour toi la vérité.

Éveille-toi, ma France, ma France chérie,
Toi que j'appelle encore ma mère patrie,
Parce que chaque fois que ton peuple résiste,
Je me sens fait de toi, je sens que tu existes.

Éveille-toi, ma France, et reprends le chemin
Sur lequel tu guidas jadis le genre humain,
Souviens-toi de toi et n'oublie pas qui tu es,
Aime-toi quand tu aimes non pas quand tu hais.

Éveille-toi, ma France, il est temps maintenant,
Sois forte de ton peuple : il a cinq continents,
Cette richesse est tienne, fais-en ton profit
Au lieu de devenir celle qui s'en défie.

Éveille-toi, ma France, au pouvoir que tu sais
Être celui que seul a le peuple français :
Le pouvoir de changer le monde seulement
En lui montrant l'exemple du « faire autrement ».

Éveille-toi, ma France, il ne faut plus sombrer
Quand du coup de pinceau la toile va s'ombrer,
N'ai pas peur de lever la tête ni le poing,
De recevoir le feu même à brûle pourpoint.

Éveille-toi, ma France et suis sur tes ergots
Les traces d'un Bodin ou celles d'un Hugo,
Et que le coq gaulois perché sur tes arcades
Reprenne le chemin des justes barricades.

Éveille-toi, ma France, il ne faut plus douter
De ta force lorsque tu dois te révolter,
Douter de ton destin, douter de ton histoire,
Et lorsque tu t'éteins, douter de ta victoire.

Du fond de ma prison sociale et médiatique,
Je garde vive en moi ta fibre romantique
Et même si je suis exclu de tout débat,
Qu'importe, en Cyrano, je me bats, je me bats.

Du fond de ma prison, avec mes camarades,
Je pardonne à tous ceux qui m'ont laissé en rade
Et je souffre avec eux mais en gardant l'espoir
Que bientôt verront clair ceux qui sont dans le noir.

Je ferai toujours front quel que soit le danger,
Je crois que vient le temps où les temps vont changer,
Et dans ce changement je mets mon espérance,
Du fond de ma prison, j'en appelle à la France.

Il m'arrive parfois, je l'avoue, de penser
Que la France n'existe que dans le passé,
Que la France d'hier, où s'échouent tous mes rêves,
N'est plus brave aujourd'hui que de façon trop brève.

Du fond de ma prison, je pense ainsi parfois,
Mais je reste à mon poste, je garde la foi,
Et je brandis la plume à la place du glaive
Pour exhorter le peuple à prendre la relève.

Je dis qu'il est grand temps que la France s'élève,
Et qu'il faut pour cela que son peuple se lève.

Lève-toi, ô mon peuple, et cesse de voter
Pour les mêmes toujours qui vont te maltraiter,
Pour les mêmes suppôts de la junte étatique,
Cesse de voter pour les partis politiques.

Lève-toi, ô mon peuple, et fais ta cohésion,
Non pas de ce qu'on dit à la télévision
Mais de ce que tu vois de source, par toi-même,
Et de la solution plutôt que du problème.

Lève-toi, ô mon peuple et cesse de donner
Le pouvoir à ceux-là qui toujours t'ont berné,
Élis des citoyens, élis des citoyennes
Qui ne soient d'aucune caste politicienne.

Lève-toi, ô mon peuple, et fais la société
À ton image, non comme elle t'est dictée
Par ceux qui vont, au nom de la charge qu'ils prennent,
Substituer leur voix à ta voix suzeraine.

Lève-toi, ô mon peuple et cesse d'accepter
Que se moquent de toi élus et cooptés,
Ne vote plus pour ceux qui t'ont menti avant,
Tout ce que les partis t'ont promis, c'est du vent.

Lève-toi, ô mon peuple, il te faut d'autres âmes,
Il te faut d'autres hommes, te faut d'autres femmes,
Des gens libres de toute attache à un parti,
Ne prends plus pour des grands ceux qui sont des petits.

Lève-toi, ô mon peuple, et vois-les comme ils sont :
Retourner leurs gilets, vestes et caleçons,
Nous renier alors qu'ils ne sont rien sans nous,
Se voir grands parce que nous sommes à genoux.

Lève-toi, ô mon peuple, il faut que tu le veuilles,
Que la branche ne puisse plus dompter ses feuilles,
Il faut que l'arbre encore éclate de colère,
Que souffle un vent nouveau, et que le ciel s'éclaire.[13]

Lève-toi, ô mon peuple, entends ce que je dis,
Et donne-toi encore un peu de ce crédit
Que le monde t'accorde lorsqu'il se réfère
À ce que tu as fait et que tu peux refaire.

Lève-toi, ô mon peuple, et vois ceux qui te mentent,
Entends que notre lutte est ce qui les tourmente,
Crois en toi, car ils n'en ont plus pour très longtemps,
Sois sûr qu'après l'hiver reviendra le printemps.

---

13. Hommage à mon ami Jean-Michel Caradec, parti trop jeune, et sa chanson *Mai 68*.

Lève-toi, ô mon peuple, et dresse-toi vraiment
Contre cette fabrique du consentement
Sans laquelle jamais rien de ce qu'il advint
Ne serait arrivé, parole d'écrivain.

Lève-toi, ô mon peuple, il ne faut plus douter
De ta force lorsque tu dois te révolter,
Douter de ton destin, douter de ton histoire,
Et lorsque tout s'éteint, douter de la victoire.

Du haut de mon gibet social et politique,
Je garde vive en moi la fibre poétique
Et même si je suis celui qu'on met à bas,
*N'importe, je me bats, je me bats, je me bats.*[14]

Du haut de mon gibet, avec mes compagnons,
Je vois la France en proie à tant de désunion,
Mais je crois au renfort qui se doit d'arriver,
Je crois que les Français vont bientôt se lever.

Le peuple, en héritier de ses lointains parents,
Va relever la tête, il va serrer les rangs,
Et parce qu'elle place en lui sa délivrance,
Du haut de mon gibet, je regarde la France.

Il m'arrive parfois, je l'avoue, de penser
Que la France n'existe que dans le passé,
Et que le peuple dont je parle, dont je rêve,
N'est plus celui qui marche, mais celui qui crève.

---

14. *Cyrano de Bergerac*, scène finale.

Du haut de mon gibet, je pense à tout cela,
Mais je sais que la France sera toujours là,
Je pense qu'elle attend, je pense qu'elle veille,
Et que ce qui dormait désormais se réveille.

Je dis qu'un peuple uni peut faire des merveilles,
Et qu'en France, il suffit que ce peuple s'éveille.

Éveille-toi, ma France.

## Post-scriptum
(sonnet marotique)

Bruxelles, Grand Place,
le 7 octobre 2022

Souvent les gens diront qu'ils voudraient réagir,
Mais qu'ils ne peuvent pas, ne savent pas quoi faire,
Que ce serait en vain, le Pouvoir et sa sphère
Contestant même au fauve son droit de rugir.

Que le peuple n'est rien et qu'il ne peut s'agir,
Lorsqu'il va dans la rue, que de vaine colère,
Que le plan du Pouvoir désormais s'accélère,
Que le temps joue pour ceux qui veulent tout régir.

Que l'ego de ceux qui, malgré tout se révoltent,
Empêche de s'unir ceux qui luttent, qui votent,
Et que nul rédempteur ne pourra donc surgir.

Je pense le contraire : que chaque personne
Qui se bat est un coup de plus du glas qui sonne
Pour le tyran qui trône ; et qu'il est temps d'agir.

*Scripta manent.*[15]

---

15. « Les écrits restent. »

www.ingramcontent.com/pod-product-compliance
Lightning Source LLC
LaVergne TN
LVHW040159080526
838202LV00042B/3233